Inhalt

Renewables 2004

Kernthesen

Beitrag

Fallbeispiele

Weiterführende Literatur

Impressum

GENIOS WirtschaftsWissen Nr. 07/2004 vom 07.07.2004

Renewables 2004

I.Zeilhofer-Ficker

Kernthesen

- Vom 1. bis zum 4. Juni 2004 trafen sich 1460 Delegierte aus 154 Staaten sowie rund 1700 Beobachter in Bonn, um über die Zukunft von erneuerbaren Energien zu sprechen und Aktionen zu vereinbaren.
- Werden alle vorgestellten 194 Aktionen tatsächlich durchgeführt, können dadurch 1,2 Milliarden Tonnen CO_2-Emissionen eingespart werden.
- Bis 2015 soll für 1 Milliarde Menschen, die bisher keine Stromversorgung hatten, eine Energieversorgung aus erneuerbaren Quellen geschaffen werden.
- Die BRD verpflichtete sich, in den nächsten Jahren 1,5 Milliarden Euro für die alternative Energieversorgung in den

Entwicklungsländern einzusetzen.
- In der "Politischen Deklaration" bekräftigten die 130 anwesenden Minister und Staatssekretäre ihren Willen und ihre Verpflichtung, den Anteil von erneuerbare Energien beträchtlich zu erhöhen und deren Verbreitung zu fördern.

Beitrag

Eine andere Konferenz

Schon seit dem Umweltgipfel von Rio 1991 wird das Thema weltweite Energiegewinnung und sehr kontrovers diskutiert. Immer wieder prallen die gegensätzlichen Meinungen von Umweltschützern und Reformern mit denen der Lobbyisten der Ölwirtschaft und anderer fossiler Energien aufeinander. Während die Einen die unvermeidbare Klimakatastrophe propagieren, wenn nicht sofort auf alternative Energiegewinnung umgestiegen wird, behaupten die Anderen, die Energiegewinnung aus erneuerbaren Quellen sei viel zu teuer, zu unzuverlässig und nicht notwendig. (1)

Diese konträren Standpunkte verhinderten auf dem Weltgipfel für nachhaltige Entwicklung 2002 in

Johannesburg eine Einigung auf konkrete Zielvorgaben für die Entwicklung und Verbreitung von "Erneuerbaren Energien". Man konnte sich nur darauf einigen, "regenerative Energien auszubauen". Frustriert durch die Blockadehaltung vor allem der USA und der OPEC-Staaten bildete sich in Johannesburg eine "Koalition der Willigen", darunter auch die BRD, die sich damit nicht zufrieden geben wollten. (1), (2), (3)

Resultat war die Einladung Gerhard Schröders an alle Staaten zur Konferenz "Renewables 2004" nach Bonn. Anders als in konventionellen UN-Konferenzen war das Ziel nicht die Einigung auf globale Zielwerte oder Vorschriften, sondern ein internationaler Aktionsplan, der auf die lokalen Gegebenheiten zugeschnitten ist. Darüber hinaus wollte man gemeinsame Ziele und Visionen sowie Politikempfehlungen erarbeiten. (3), (4)

Ein erfolgreiches Konzept, wie sich herausstellte. 1540 Delegierte aus 154 Staaten sowie 1700 Beobachter von Nicht-Regierungsorganisationen trafen sich vom 1. bis 4. Juni 2004 in Bonn, um über Chancen und Möglichkeiten aber auch über Beispiele von schon Erreichtem zu diskutieren und Aktionen zu vereinbaren. 194 freiwillige Projekte konnten zu einem internationalen Aktionsprogramm zusammengefasst werden. Werden tatsächlich alle Projekte in die Tat umgesetzt, so können dadurch rund 1,2 Milliarden Tonnen CO2-Emissionen eingespart werden. (5), (www.renewables2004.de)

Erneuerbare Energien ("Renewables")

Warum sind erneuerbare Energien ein Thema

Seit dem Anfang der Industrialisierung verbraucht der Mensch mehr und mehr Kohle und Öl zur Energieversorgung. Diese fossilen Brennstoffe haben allerdings einige große Nachteile. Durch ihre Verbrennung wird so viel CO2 freigesetzt, dass sich dadurch die Erdatmosphäre aufheizt. Außerdem sind die weltweiten Reserven begrenzt und schon in etwa 50 Jahren könnten die Kohle- und Ölvorkommen erschöpft sein. Dadurch und durch den steigenden weltweiten Bedarf werden die fossilen Energien immer teurer. Außerdem befindet sich ein Großteil der Vorkommen in politisch instabilen Ländern, was immer wieder zur Bedrohung der Sicherheit und des Weltfriedens führt. (6)

Laut Berechnungen des International Panel on Climate Change (IPCC) sind vor allem die Kohlendioxid-(CO_2)-Emissionen schuld an der Erhöhung der globalen Lufttemperatur und dadurch an den immer öfter auftretenden Klimakatastrophen. Eine weitere Temperaturerhöhung von 1,4 bis 5,8 Grad ist für das 21. Jahrhundert zu erwarten, wenn es nicht gelingt, den Kohlendioxidausstoß wesentlich zu verringern. Erwärmt sich die Erde aber um mehr als 2 Grad, so ist nicht nur mit weiteren Sturmfluten, Überschwemmungen und Dürren zu rechnen, sondern auch die Welternährung und Wasserversorgung gerät in Gefahr. (7), (1)

In der dritten Welt haben zwei Milliarden Menschen keinen Zugang zu modernen Energien und müssen sich zum Kochen und Heizen mit Holz und Dung zufrieden geben. 1,6 Millionen Menschen sterben laut WHO jährlich an Rauch oder fehlender Heizung. (7)

Die Energiegewinnung aus erneuerbaren Quellen könnte für all diese Probleme die Lösung sein. Solar-, Wasser- und Windkraftwerke setzen kein CO_2 frei. Die Energie aus Sonne, Wind oder auch Geothermie ist unerschöpflich und nahezu überall auf der Welt zu gewinnen. Und kleine Solar- oder Windkraftwerke können dezentral auch in ländlichen oder schlecht zugänglichen Gebieten installiert werden und so die

Energieversorgung der Ärmsten gewährleisten. (7)

Aktionen zur Förderung von erneuerbaren Energien sind auch deshalb zwingend notwendig, weil ihr Anteil an der gesamten Energieerzeugung in den westlichen Industriestaaten von 6 auf 5,5 Prozent im Jahr 2001 gefallen ist. Weltweit sank ihr Beitrag von 1970 bis 2001 sogar von 24,1 auf 15,1 Prozent. (13)

Deutschland gilt als Vorreiter in Sachen erneuerbare Energien. Durch diverse politische Instrumente wie das Erneuerbare-Energien-Gesetz oder die Öko-Steuer wurde die Entwicklung von Technologien zur alternativen Energiegewinnung unterstützt. Mittlerweile gilt die BRD als führend sowohl bei der technologischen Entwicklung als auch bei der Anwendung von erneuerbaren Energien. Durch den Export dieser Technologien erhofft man sich weitere positive Impulse für die deutsche Wirtschaft und bis zu 900 000 Arbeitsplätze sollen durch die steigende Nachfrage nach alternativer Energie in der EU entstehen. (8), (15)

Was sind erneuerbare Energien

Das Logo der Konferenz besteht aus fünf Symbolen für die Quellen der erneuerbaren Energiegewinnung:

Sonne, Wind, Erdwärme, Wasserkraft und Biomasse. Derzeit haben die erneuerbaren Energien nur einen Anteil von 15,1 % am weltweiten Primärenergiebedarf. Den größten Anteil daran hat die Biomasse, da in den armen Ländern vor allem mit Holz und Dung geheizt und gekocht wird. In der BRD werden rund acht Prozent des Stroms bzw. drei Prozent der Primärenergie durch alternative Energiequellen erzeugt. Doch auch bei uns ist die Biomasse mit einem Anteil von über 50 Prozent der führende alternative Energieträger. (1), (8), (13)

In rund 80 Biomassekraftwerken und 1700 Biogasanlagen wird Abfall- und Durchforstungsholz bzw. Gülle zur Energiegewinnung genutzt. Aber auch aus Klärschlamm, Rasenschnitt oder Bräurückständen lässt sich Strom gewinnen. Zusätzlich werden aus nachwachsenden Rohstoffen wie Raps, Getreide oder Zuckerrüben alternative Kraftstoffe (Biodiesel und Bioethanol) gewonnen. Bis zu 14 Prozent des deutschen Energiebedarfs könnte nach Schätzungen des Ökoinstituts allein durch Biomasse abgedeckt werden. (8), (9)

Mit ca. 20 Prozent der Energiegewinnung aus erneuerbaren Quellen liegt die Wasserkraft in der BRD an zweiter Stelle. Allerdings lässt sich die Leistung nur in geringem Ausmaß weiter steigern, ohne massiv in den natürlichen Wasserkreislauf einzugreifen. Nicht umsonst sind ja große Staudammprojekte wie in China und Brasilien wegen der immensen Zerstörung natürlicher Lebensräume in Verruf geraten. Für die Zukunft erhofft man sich einen beträchtlichen Beitrag von Gezeitenkraftwerken, Meeresströmungsturbinen und Wellenkraftwerken, die aber noch am absoluten Anfang ihrer technischen Entwicklung stehen. (8), (10), (11), (12)

Fast gleich auf mit der Wasserkraft ist in Deutschland die Stromerzeugung durch Windkraft. Mit rund 14 000 Windrädern kann sich Deutschland als Windenergie-Weltmeister bezeichnen. Steigerungen erhofft man sich vor allem von Off-Shore-Windparks im Meer. (8)

Die Energiegewinnung direkt von der Sonne ist für viele die klassische Alternative zu Öl und Kohle. In der Praxis liefert die Sonne aber nur ein Vierzigstel der alternativen Energie in Deutschland. Trotzdem sieht man in der Photovoltaik das größte Zukunftspotenzial, gerade in den südlichen Regionen, wo sich ja auch die ärmsten Länder der Welt befinden. Kleine örtliche Sonnenkollektoren erzeugen schon heute Strom, der auch in abgelegensten Gegenden Kühlschränke oder Wasserpumpen antreibt. (3), (8)

Die Geothermie, die Energiegewinnung mithilfe von Erdwärme, spielt in Deutschland noch eine sehr geringe Rolle. Das Potential ist allerdings riesig - der deutsche Strombedarf könnte durch Nutzung der Erdwärme in sieben Kilometer Tiefe rund 600 mal gedeckt werden. In Island werden schon alle Privathaushalte mit Strom und Wärme aus der Geothermie versorgt. (12)

Das Ergebnis der Konferenz

194 Projekte listet der internationale Aktionsplan, der im Laufe der Konferenz festgeschrieben wurde. In der "Politischen Deklaration", die gut 130 Minister und Staatsräte verabschiedeten, verpflichteten sich die Teilnehmerstaaten zur Unterstützung und Durchführung der Projekte sowie zur weiteren Arbeit an der Verbreitung und Verbesserung der erneuerbaren Energien. Sie bestätigen darin nochmals ihre Verpflichtung, den Anteil von erneuerbaren Energien am gesamten Energieerzeugung zu erhöhen und daran zu arbeiten, bis 2015 die Anzahl der Menschen zu halbieren, die unter extremer Armut ohne nachhaltige Energieversorgung leben müssen. (14), (www.renewables2004.de)

Darüber hinaus wurden "Politikempfehlungen für erneuerbare Energien" zusammengestellt, eine Auswahl von politischen Ansätzen auf der Basis der bereits gewonnenen Erfahrungen und Kenntnisse über die Förderung erneuerbarer Energien. (3), (www.renewables2004.de)

Als deutschen Beitrag zum Finanzierungsproblem der armen Länder hat Bundeskanzler Schröder insgesamt 1,5 Milliarden Euro zweckgebunden zugesagt. Auch die Weltbank sowie der Globale Umweltfond werden die Finanzmittel beträchtlich erhöhen, um Projekte für regenerative Energiegewinnung zu fördern. (4), (16), (17)

Offene Fragen

Offen ist die Forderung von 350 Parlamentariern nach der Schaffung einer Internationalen Agentur für erneuerbare Energien (International Renewables Agency - IRENA) nach dem Vorbild der Atomenergieagentur geblieben. Es bleibt abzuwarten, inwieweit die Völkergemeinschaft dieser Forderung nachkommen wird. (17)

Fallbeispiele

Projekte der BRD

Da in der Bundesrepublik die politischen Weichen für einen Energiewandel durch das Erneuerbare-Energien-Gesetz gestellt sind, konzentrieren sich die deutschen Projekte hauptsächlich auf die Zusammenarbeit und Unterstützung im Ausland. In China, Ägypten und Marokko beteiligt man sich am Bau von Windparks zur Stromerzeugung. In Tibet werden marode Kleinst-Wasserkraftwerke wieder in Stand gesetzt. Auch Costa Rica unterstützt man beim Bau von Wasserkraftwerken. [19]

In China und Brasilien unterstützt die BRD die Schulung und Ausbildung von Solartechnikern, die für den Bau und die Instandhaltung der geplanten Photovoltaikanlagen und von solarbetriebenen Geräten und Anlagen zuständig sein werden. Auch in Marokko fördert man die solare Stromversorgung - die KfW-Entwicklungsbank unterstützt die Installation von Solar-Kits bei marokkanischen Bauern. Und brasilianische Fischer können mithilfe einer Solaranlage ihren Fang kühlen und so höhere Preise erzielen. [19], [20], [21]

Im Nepal wird der Bau von 300 000 häuslichen Biogasanlagen gefördert, in Kenia beteiligt man sich an zwei Kraftwerksprojekten aus Erdwärme. (19)

Doch auch die Konferenz selbst sollte "klimaneutral" bleiben. Als Ausgleich zur klimaschädlichen Anreise der Konferenzteilnehmer hat die Bundesregierung für 3500 Tonnen CO_2 Emissionszertifikate gekauft und stillgelegt. Mit dem Geld werden in Indien zehn Großküchenanlagen mit Parabolspiegelanlagen zur Dampferzeugung ausgestattet. Die alternative Dampferzeugung spart jährlich 570 Tonnen CO_2. (5)

Projektbeispiele aus anderen Ländern

In China werden rund zwei drittel des riesigen Energiebedarfs durch die problematische Kohle gedeckt. Bis 2010 wollen die Chinesen deshalb 10 Prozent, bis 2020 gar 17 Prozent des Energiebedarfs aus erneuerbaren Energien erzeugen. Die Philippinen wollen gar 40 Prozent ihres Stromverbrauchs aus erneuerbaren Energien gewinnen. Die Ägypter setzen auf mehr Windanlagen sowie auf solarthermische Kraftwerke. (5) (16)

Mali, wo heute weniger als 20 Prozent der

Bevölkerung mit Strom versorgt werden, will durch die Erhöhung des Anteils von erneuerbaren Energien von ein auf 15 Prozent bis 2020 mehr Menschen Zugang zur elektrischen Energie verschaffen. Kambodscha will mithilfe der Erneuerbaren sogar für 70 Prozent seiner Bevölkerung Strom liefern. Beiden Ländern fehlen allerdings die notwendigen finanziellen Mittel.

Sogar die USA - bisher bekannt als Blockierer der regenerativen Energieproduktion - hat sich zur Schaffung eines Forschungsprogramms verpflichtet, mit dessen Hilfe die Kosten der erneuerbaren Energieproduktion gesenkt werden sollen. (16)

Alternative Kraftstoffe

Die hohen Benzinpreise machen biologische Kraftstoffe immer attraktiver. Da diese steuerbefreit sind, können sie billiger als konventionelle Kraftstoffe angeboten werden. Außerdem dürfen seit Beginn des Jahres bis zu fünf Prozent Biodiesel (aus Raps) dem herkömmlichen Diesel zugemischt werden. Auch Ottokraftstoffe können mit bis zu fünf Prozent Bioethanol (aus Getreide oder Zuckerrüben) versetzt werden. Dies eröffnet nicht nur den Bauern neue Verdienstmöglichkeiten sondern schafft bereits jetzt neue Arbeitsplätze. (23)

Weiterführende Literatur

(1) Roth, Wolfgang, Mit Wind und Wasser gegen den Klima-Schock, Süddeutsche Zeitung, 29.05.2004, Ausgabe Deutschland, S. 2
aus Die Welt, Jg. 59, 15.05.2004, Nr. 113, S. 14

(2) Knauf, Gerald, Renewables 2004 - Erneuern statt blockieren, politische ökologie 87-88, Energiegeladen. Richtungswechsel in der Klima- und Energiepolitik?, März 2004
aus Die Welt, Jg. 59, 15.05.2004, Nr. 113, S. 14

(3) Warkalla, Lutz, "Eine gigantische Herausforderung", Bonner General-Anzeiger, 03.05.2004, S. 04
aus Die Welt, Jg. 59, 15.05.2004, Nr. 113, S. 14

(4) Grassmann, Philip, Ein kleines Wunder in Bonn, Süddeutsche Zeitung, 05.06.2004, Ausgabe Deutschland, S. 4
aus Die Welt, Jg. 59, 15.05.2004, Nr. 113, S. 14

(5) Koch, Wolfgang, Sonnenlicht für den Export - Möglichkeiten besser nutzen, Stuttgarter Zeitung, 04.06.2004, S. 10
aus Die Welt, Jg. 59, 15.05.2004, Nr. 113, S. 14

(6) Lehmann, Harry, Die Entwicklung des Menschen

aus historisch-energetischer Sicht - Von der Eiszeit zur Solarzeit, politische ökologie 87-88, Energiegeladen. Richtungswechsel in der Klima- und Energiepolitik?, März 2004
aus Die Welt, Jg. 59, 15.05.2004, Nr. 113, S. 14

(7) Graßl, Hartmut / Léonardi, Jacques, Leitlinien für eine globale Energiewende - Reden ist Silber, Handeln ist Gold, politische ökologie 87-88, Energiegeladen. Richtungswechsel in der Klima- und Energiepolitik?, März 2004
aus Die Welt, Jg. 59, 15.05.2004, Nr. 113, S. 14

(8) Rögener, Wiebke, Erneuerbare Energie: Sonne, Wasser, Wind, Erdwärme und Biomasse statt Atomkraft, Kohle, Öl und Gas - Die neue Kraft des Mittelalters, Süddeutsche Zeitung, 01.06.2004, Ausgabe Deutschland, S. 10
aus Die Welt, Jg. 59, 15.05.2004, Nr. 113, S. 14

(9) Biomasse soll Benzin ersetzen
aus Die Welt, Jg. 59, 03.06.2004, Nr. 127, S. 3

(10) Die älteste technisch genutzte regenerative EnergieWasserkraft renewabels 2004 (3)
aus taz, 24.05.2004, S. 7

(11) Die am wenigsten entwickelte erneuerbare EnergieMeereskraft Internationale Energiekonferenz "renewables 2004" (4)
aus taz, 25.05.2004, S. 9

(12) Die ständig verfügbare der erneuerbaren Energiendie Geothermie renewables 2004 (2)
aus taz, 22.05.2004, S. 7

(13) Trittin ruft Zeitalter der erneuerbaren Energien aus
aus Frankfurter Allgemeine Zeitung, 02.06.2004, Nr. 126, S. 1

(14) Trittin nennt Energiekonferenz «Renewables» einen «Meilenstein»
aus netzeitung.de vom 04.06.2004

(15) Jänicke, Martin, Energiewende und Klimaschutz - Ein viel versprechendes Innovationsprogramm, politische ökologie 87-88, Energiegeladen. Richtungswechsel in der Klima- und Energiepolitik?, März 2004
aus netzeitung.de vom 04.06.2004

(16) Roth, Wolfgang, 150 Staaten wollen saubere Energie fördern, Süddeutsche Zeitung, 05.06.2004, Ausgabe Deutschland, S. 1
aus netzeitung.de vom 04.06.2004

(17) Weltbank gibt Kredite für erneuerbare Energie
aus Frankfurter Allgemeine Zeitung, 03.06.2004, Nr. 127, S. 1

(18) Die Solargeneration will Taten sehen
aus Frankfurter Allgemeine Zeitung, 04.06.2004, Nr. 128, S. 3

(19) KONFERENZ Bis Freitag treffen sich 100 Staaten in Bonn, um erneuerbare Energien weltweit voranzubringen. Deutschland unterstützt zahlreiche Projekte. STROM auch für die letzte Hütte
aus Hamburger Abendblatt, Jg. 57, 01.06.2004, Nr. 125, S. 30

(20) Obertreis, Rolf, "Ich habe noch nie Strom gehabt" - Wie Sonne zu Energie wird, Badische Zeitung vom 29.05.2004, S. 2
aus Hamburger Abendblatt, Jg. 57, 01.06.2004, Nr. 125, S. 30

(21) Agthe, Thomas, Visionen aus dem "Cafe Solar", Kölner Stadtanzeiger, 02.06.2004
aus Hamburger Abendblatt, Jg. 57, 01.06.2004, Nr. 125, S. 30

(22) Die Armen setzen auf Erneuerbare Energien Doch Ausbaupläne bleiben wegen leerer Kassen in den Schubladen / Die Beispiele Mali und Kambodscha
aus Frankfurter Rundschau v. 03.06.2004, S.12, Ausgabe: S Stadt

(23) Biodiesel bietet Bauern neue Chancen
aus Frankfurter Allgemeine Zeitung, 04.06.2004, Nr. 128, S. 12

Impressum

Renewables 2004

Bibliografische Information der deutschen Nationalbibliothek

Die Deutsche Nationalbibliothek verzeichnet diese Publikation in der deutschen Nationalbibliografie; detaillierte bibliografische Daten sind im Internet über http://dnb.d-nb.de abrufbar.

ISBN: 978-3-7379-1442-0

© 2015 GBI-Genios Deutsche Wirtschaftsdatenbank GmbH, Freischützstraße 96, 81927 München, www.genios.de

Alle Rechte vorbehalten. Dieses Werk ist einschließlich aller seiner Teile – z.B. Texte, Tabellen und Grafiken - urheberrechtlich geschützt. Jede Verwertung außerhalb der Grenzen des Urheberrechtsgesetzes bedarf der vorherigen Zustimmung des Verlags. Dies gilt insbesondere auch für auszugsweise Nachdrucke, fotomechanische Vervielfältigungen (Fotokopie/Mikroskopie), Übersetzungen, Auswertungen durch Datenbanken oder ähnliche Einrichtungen und die Einspeicherung und Verarbeitung in elektronischen Systemen.